AF404230

EUGENE MILLET.

ARC

EUGÈNE MILLET

SA VIE, SES ŒUVRES

SON TOMBEAU

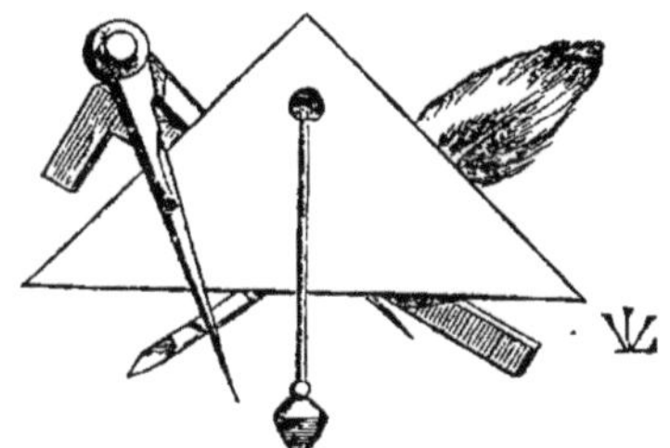

PARIS

Vᶜ A. MOREL & Cⁱᵒ, ÉDITEURS

RUE BONAPARTE, 13

—

M DCCC LXXXI

Tiré à petit nombre.

AUX SOUSCRIPTEURS

ES confrères et les amis d'Eugène Millet, avant de considérer comme terminée la tâche qu'ils s'étaient donnée d'offrir, de concert avec sa famille, un témoignage durable de leur affectueuse estime à celui qu'ils regrettent, ont cru devoir relater brièvement le résultat de leurs efforts ainsi que la vie et les œuvres de l'artiste dont le souvenir les a associés en une telle communauté de pensées.

Ils n'ont pas voulu se séparer sans que la famille d'Eugène Millet et chacun de ceux qui les avaient aidés dans cette œuvre toute cordiale aient su quels étaient ces amis dévoués qui ont érigé dans le cimetière de Saint-Germain un monument qui rappelle à tous le maître aimé.

Après l'œuvre de pierre, de marbre et de fer, après le tombeau construit avec soin, sculpté avec art et décoré avec goût, quelques notes intimes et deux remarquables gravures doivent conserver, pour tous ceux qui ont connu Eugène Millet, la mention de ses travaux, la vue de sa dernière demeure et le souvenir de sa physionomie si franchement ouverte.

C'est dans cette intention qu'ils reproduisent ici, après les paroles prononcées au cimetière de Saint-Germain, le 24 février 1879, par MM. Charles Lucas, Juste Lisch et Paul Moutier, au nom de la Société centrale des Architectes et du Cercle des Ouvriers maçons et tailleurs de pierre, au nom des anciens élèves de l'atelier Henri Labrouste et au nom des ouvriers et des entrepreneurs du Château de Saint-Germain, la lettre qu'ils ont adressée aux amis d'Eugène Millet; la liste de ceux qui ont répondu à cet appel; le discours prononcé par M. le comte Étienne de Cardaillac lors de l'installation du buste de Millet au Cercle des maçons et tailleurs de pierres, le 19 octobre suivant; les paroles de remerciement dites au nom de la famille par M. Paul Naples et le discours prononcé par M. Viollet Le Duc fils, lors de l'inauguration du tombeau le 20 février 1880, enfin une notice biographique accompagnée du portrait d'Eugène Millet, ces deux derniers hommages dus à MM. Lisch et Gaucherel.

Les membres du Comité de souscription croient cependant utile de transcrire ici quelques phrases de M. C. Sauvageot, l'artiste, à la fois architecte, écrivain et graveur, auquel est due la reproduction du tombeau d'Eugène Millet, qu'il apprécie ainsi :

« La dernière œuvre d'architecture de Viollet Le Duc, le dernier monument qui sortit de ses mains laborieuses, est le tombeau élevé à la mémoire de son élève et ami Eugène Millet. Viollet Le Duc fut péniblement impressionné à l'annonce de la mort prématurée, mais prévue malheureusement depuis quelque temps, de son élève le plus ancien, de celui qui le premier avait partagé ses ardeurs, ses croyances et ses convictions. Aussi voulut-il tracer les dessins nécessaires à l'exécution du tombeau de Millet, autant en témoignage de la vive amitié qui exista de tout temps entre eux, que comme un hommage intime rendu à son talent, à sa conscience d'artiste et aussi à son caractère droit et généreux.

« Le maître ne prévoyait sans doute pas, au moment où il étudiait le tombeau de son ami, qu'il le suivrait de si près dans la tombe et qu'il ne pourrait hélas ! voir achever le monument, ni présider, à son inauguration.

« *Les personnes nombreuses qui assistèrent à cette touchante cérémonie se souviennent encore des remerciements chaleureux adressés par les parents de Millet à l'ombre du grand artiste, et nous croyons encore entendre l'un d'eux prononcer d'une voix émue ces paroles empreintes d'une profonde reconnaissance : «.... Qu'il me soit permis de rap-* «*peler ici la mémoire du grand maître, du grand* «*patron qui a daigné tracer le monument de son* «*élève préféré, presque au moment où la mort devait* «*les réunir tous deux et faire de ce tombeau son* «*dernier chef-d'œuvre. Merci à Viollet Le Duc*[1]. »

« *On retrouve en effet dans cette dernière œuvre de l'éminent artiste les qualités décoratives qui ne lui ont jamais fait défaut, qui lui étaient familières, c'est-à-dire une grande fermeté dans les lignes et les profils, et une ornementation originale pleine de caractère, finement comprise et où l'étude attentive de la flore champêtre se reconnaît sans trop d'efforts.*

« *Les attributs de l'architecte, ses armes, si l'expression ne paraît pas exagérée, sont sculptées à la base du sarcophage, aux pieds mêmes de celui qui s'en servit si habilement, et nous pourrions ajouter*

---

1. Voir plus loin, p. 33, les paroles prononcées par M. Paul Naples.

si honnêtement. Le médaillon en marbre blanc, œuvre de Henri Chapu, portrait où l'on retrouve les traits fins et énergiques de Millet, est fixé à la partie supérieure de la stèle, abrité par un dais ouvragé d'un beau caractère. Une grille en fer forgé de forme sévère entoure le monument qui se détache en lumière sur le fond sombre des cyprès voisins [1]. »

Quelques mots encore pour rendre justice au désintéressement que les membres du Comité de souscription ont rencontré de la part de tous, et leur tâche sera finie.

Les collaborateurs d'Eugène Millet dans ses beaux travaux de restauration du château de Saint-Germain, MM. Morin père et fils, entrepreneurs de maçonnerie, M. Paul Moutier, entrepreneur de serrurerie, et MM. Libersac, Chervet et Corbel, sculpteurs d'ornements, ont prêté à MM. Viollet Le Duc et Henri Chapu leur concours dévoué pour exécuter ce monument avec une précision et un soin extrêmes, et cette brochure, faite de tous ces souvenirs, est destinée à rappeler les mérites et les efforts de tous.

---

1. *Encyclopédie d'architecture,* année 1880, p. 168.

Nous ne pouvons que dire ici : Merci à tous, transmettant à tous, comme nous les avons reçus nous-mêmes de la famille de notre cher et honoré confrère, les sentiments de profonde gratitude et les affectueux élans de cœurs reconnaissants.

Les Membres du Comité de souscription.

I

FUNÉRAILLES

DE

EUGÈNE MILLET

(Saint-Germain en Laye, 24 février 1879)

———

PAROLES

PRONONCÉES PAR M. CH. LUCAS

Messieurs,

J'espérais qu'une voix plus éloquente que la mienne dirait, au nom de la *Société centrale des Architectes*, un dernier adieu à l'artiste de talent et à l'homme de cœur que nous abandonnons aujourd'hui à sa dernière demeure terrestre.

Mais des confrères autorisés retraceront cette existence si bien remplie; ils rappelleront comment, au sortir des leçons de son illustre maître Henri

Labrouste, Eugène Millet parcourut la France avec
M. Viollet Le Duc, cet autre maître éminent qui sut
le premier étudier avec autant de passion que de conscience les monuments de l'art ogival et leur donner
une nouvelle jeunesse ; ils diront comment Eugène
Millet, d'élève devenu maître à son tour, restaura,
agrandit et compléta tant d'édifices religieux, précieux
monuments historiques de notre art français, et entre
autres la *Cathédrale de Troyes,* cette merveille de
l'école champenoise ; l'*Église Saint-Pierre de Lisieux,*
cette œuvre de transition du style anglo-normand, et la
Cathédrale de Moulins, où il eut l'honneur de succéder
à un autre de ses maîtres, à Lassus ; ils montreront
Eugène Millet étudiant depuis quinze ans la restauration de cet édifice aux aspects et aux styles si divers qui
a nom le *Château de Saint-Germain en Laye,* et enfin consacrant ses dernières recherches à l'*Église Saint-
Pierre de Montmartre,* le plus ancien temple chrétien
de notre Ile-de-France, et à la *Cathédrale de Reims,*
cette efflorescence de l'architecture française mise au
service de la foi catholique.

Ce fut sur le tard de sa vie et en pleine maturité de
son talent qu'Eugène Millet vint à notre Société centrale des Architectes où, à côté de ses maîtres et amis,
MM. Henri Labrouste et Paul Abadie, il voulut que
je lui servisse de présentateur. A cette époque, il était
déjà *officier de la Légion d'honneur, inspecteur général
des édifices diocésains* et *membre de la Commission
des monuments historiques;* il avait donc reçu tous les
honneurs qui doivent accompagner son nom dans
l'histoire de l'art français ; mais il vint à nous, sentant

que son nom manquait à notre compagnie et que, à
côté de son maître Henri Labrouste, de Victor Baltard,
et de tant d'autres artistes éminents qui font l'honneur
de la Société, il y avait place pour lui à tenir haut et
ferme le drapeau de la probité dans l'art, à tenter avec
conscience et équité l'union des architectes et de leurs
collaborateurs de tous degrés sur les chantiers de construction, et qu'enfin il y avait pour lui, en s'associant
à nos travaux, quelque peu de bien à faire dans l'intérêt de notre belle profession.

Aussi, dès qu'Eugène Millet fut des nôtres, il fut
appelé immédiatement au Conseil, au Bureau et dans
les Commissions, notamment dans celle des Publica-
tions, celle d'Archéologie, et dans celle des Encoura-
gements au personnel du Bâtiment; et il ne nous
marchanda ni son temps ni ses démarches, depuis cette
visite du château de Saint-Germain en Laye dont, en
1874, il fit les honneurs aux membres du Congrès des
architectes français, jusqu'au rapport d'Archiviste de
l'exercice 1878, rapport signé de sa main défaillante,
à Cannes, le 19 janvier 1879 ; enfin, sans parler de la
notice qu'il consacra à la mémoire de Henri Labrouste,
il fut un des plus actifs, des plus dévoués et des plus
aimés parmi les membres de notre Société.

Beaucoup d'entre vous m'en voudraient si, au milieu
de ces souvenirs, je ne rappelais comment, au *Cercle
des ouvriers maçons et tailleurs de pierres*, Eugène
Millet passa de la théorie à la pratique et fut à la fois
président du Comité d'enseignement et architecte de
ce cercle, dont il construisit l'infirmerie et les salles de
cours. C'est à lui surtout que sont dus ces trois pro-

grammes de concours de coupe de pierres dans lesquels, sur un terrain plus favorable mais non moins digne d'efforts, il résuma, comme il avait tenté de le faire douze ans auparavant à l'École des beaux-arts, les principaux problèmes de la stéréotomie.

Repose en paix, cher confrère, et je dirai cher maître ; car tous ceux qui t'ont connu ont retiré d'utiles et affectueux enseignements de ta causerie pleine de verve et de bonhomie ; repose en paix, laissant à tes deux neveux et à quelques collègues ou élèves aimés la mission de continuer dignement ton œuvre ; repose en paix, à côté de ce *Château de Saint-Germain en Laye* à la conservation duquel ton nom reste à jamais attaché, non loin de cette petite *Église de Mareil-Marly* dont tu étudias la restauration avec tant d'amour, et non loin aussi de ton dernier monument, ce *Tombeau de Félicien David,* un grand compositeur qui fut, lui aussi, un spiritualiste.

Adieu donc, Eugène Millet, adieu, cher confrère, et attends avec confiance le dernier jour ; car tes œuvres t'ont précédé parmi les élus, et le grand Apôtre l'a dit : *Celui-là ne meurt pas tout entier qui s'est donné comme mission de restaurer l'œuvre des hommes pour la plus grande gloire de Dieu* [1].

1. SAINT PAUL, cap. I, v. 10, *ad Eph.*

PAROLES

PRONONCÉES PAR M. J. J. LISCH

Messieurs,

C'est au nom des anciens élèves de l'atelier Henri Labrouste que je viens dire un dernier adieu à notre bon et cher camarade Eugène Millet.

Entré, il y a quarante ans, dans l'atelier de notre très regretté maître, Eugène Millet sut, par son heureux caractère et son excellent cœur, conquérir l'affection de tous ses condisciples, et il contracta, dès cette époque, des amitiés qu'il n'oublia jamais.

Plus tard, lorsqu'après avoir suivi l'architecte illustre qui devait l'initier à l'art du moyen âge, il devint un maître à son tour, nous le vîmes revenir souvent au milieu de nous, nous aider de ses avis, de ses conseils, et, en bon frère aîné, nous tendre la main pour franchir les premiers degrés de la carrière d'architecte, si ardue dans ses débuts.

Mais là ne s'arrêtait pas la bonté de son cœur. Eugène Millet n'avait qu'une petite fortune, et cependant sa bourse était toujours ouverte pour aider un ami, pour secourir un malheureux : aussi, de combien de respects, de combien d'amitiés était-il entouré; chéri de ses collaborateurs, chéri de ses ouvriers, tous ne faisaient pour lui qu'une grande famille, et, s'il fut grand par son talent, je puis dire qu'il le fut aussi par son cœur.

Adieu donc, cher Millet, adieu, toi qui fus bon pour tous, adieu, toi qui fus le meilleur des amis.

PAROLES

PRONONCÉES PAR M. PAUL MOUTIER

Messieurs,

Au nom des ouvriers et entrepreneurs du château de Saint-Germain, je viens donner un dernier témoignage de respectueuse sympathie à notre vénéré patron, que nous aimions tant.

Homme véritablement supérieur, il savait commander; sous ses ordres, nous apprenions cet art de bâtir où il excellait; ses rendez-vous, où nous avions tant de plaisir à nous rendre, étaient de véritables cours de construction ; il nous enseignait à raisonner notre métier, nous obligeait à donner tous nos soins à l'exécution, et nous considérions comme un titre d'honneur de travailler sous sa direction.

Homme excellent, il était aimé de tous ceux qui l'approchaient, et nous avons tous, en ce moment, présents à la mémoire les services qu'il nous a rendus. La déférence que nous avions pour lui était si grande, ses conseils si justes, que nous avions pris l'habitude de venir lui soumettre les actes importants de notre vie.

Le besoin que nous ressentions d'exprimer devant cette tombe l'attachement véritable que nous avons toujours porté à M. Eugène Millet, le chagrin profond que nous avons éprouvé à la nouvelle de sa mort, ces sentiments venant des hommes employés sous ses ordres, témoignent de la grandeur de caractère de celui qui a su les inspirer.

Son nom restera respecté et aimé, son souvenir est à jamais gravé dans nos cœurs.

II

LETTRE

ADRESSÉE AUX AMIS D'EUGÈNE MILLET

Paris, le 12 mars 1879.

Monsieur,

Les confrères, les amis et les collaborateurs d'Eugène Millet ont, avec l'assentiment de sa famille, résolu de lui ériger un tombeau dans le cimetière de Saint-Germain en Laye, et nous venons, Monsieur, vous prier de vous joindre à nous pour la réalisation de cette œuvre destinée à honorer un architecte de talent qui ne compta que des amis.

Nota. — Pour tout ce qui concerne la souscription, s'adresser à MM. des Fossez (Librairie Vᵉ Morel et Cⁱᵒ), 13, rue Bonaparte; J. Lisch, 14, rue Marignan; Charles Lucas, 8, boulevard de Denain.

Nous avons l'honneur, Monsieur, de vous présenter l'expression de nos sentiments de parfaite considération.

> P. Abadie, membre de l'institut, inspecteur général des édifices diocésains;
>
> Ant. Bailly, membre de l'Institut, inspecteur général honoraire des travaux de la ville de Paris;
>
> A. de Baudot, inspecteur général des édifices diocésains;
>
> Des Fossez, éditeur (Librairie veuve A. Morel et Cie);
>
> J. Lisch, inspecteur général des monuments historiques;
>
> Ch. Lucas, architecte attaché aux travaux de la ville de Paris;
>
> Mozet, entrepreneur de maçonnerie, ancien juge au tribunal de commerce;
>
> Ruprich-Robert, inspecteur général des monuments historiques;
>
> Viollet Le Duc, architecte du gouvernement.

III

LISTE DES SOUSCRIPTEURS

Mme NAPLES.
Mme CHARLES.
MM. NAPLES, architecte du gouvernement.
    SELMERSHEIM, architecte du gouvernement.
    TURQUET, député, sous-secrétaire d'État au
        Ministère de l'instruction publique et des
        beaux-arts.
Mgr L'ARCHEVÊQUE DE REIMS.
LA VILLE DE SAINT-GERMAIN EN LAYE.
LA SOCIÉTÉ CENTRALE DES ARCHITECTES.
LE CERCLE DES OUVRIERS MAÇONS ET
  TAILLEURS DE PIERRES.

I. — SOUSCRIPTIONS RECUEILLIES PAR LES SOINS DU COMITÉ.

MM. ABADIE, architecte, membre de l'Institut, inspecteur général des édifices diocésains.

BAILLY, architecte, membre de l'Institut, inspecteur général honoraire des travaux de la ville de Paris.

BARTAUMIEUX (Ch.), architecte, expert près la Cour d'appel.

BARTHÉLEMY, architecte du gouvernement, à Rouen.

BAUDOT (De), architecte, inspecteur général des édifices diocésains.

BÉLIE (De), architecte, contrôleur au Ministère des cultes.

BOILEAU (L.-C.), architecte.

BOUCHER (Saint-Aignan), architecte.

BOUSSATON, commissaire-priseur honoraire.

BREY, architecte.

BROUTY (Ch.), architecte.

BRUYANT, architecte du gouvernement.

CALINAUD (L.), architecte, attaché aux travaux de la ville de Paris.

CHABROL, architecte du gouvernement.

CHAPU (H.), statuaire, membre de l'Institut.

CIVET, entrepreneur de travaux publics.

CLAIR (Victor), architecte, à La Roche-sur-Yon.

CORROYER, architecte du gouvernement.

MM. COURMONT, directeur honoraire des Beaux-Arts.

CRISMANOVICH, chef de bureau à l'administration des cultes.

DAINVILLE, architecte.

DARCY (D.), architecte du gouvernement.

DAVID DE PENANRUN, architecte, expert près les tribunaux.

DE BRESSENNE, architecte du gouvernement.

DEGRÉ (H.), architecte à Dijon.

DE JOLY, architecte de la Chambre des députés.

DE LA LONDE, entrepreneur de travaux publics.

DE LA ROQUE, architecte du gouvernement.

DELARUE, architecte.

DE MÉRINDOL, architecte du gouvernement.

DES FOSSEZ, éditeur (Librairie veuve A. Morel et Cie).

DEVILLE, chef de bureau à l'administration des cultes.

DEVREZ, architecte du gouvernement.

DIDRON, artiste peintre-verrier.

DRIN, architecte de la ville de Senlis.

DURAND (Alph.), architecte du gouvernement.

DURAND (Ch.), architecte de la ville de Bordeaux.

DUVERT (Aug.), architecte, expert près les tribunaux.

FAVRE (Félix), secrétaire de la rédaction de l'*Encyclopédie d'architecture*.

FEYDEAU, architecte, expert près les tribunaux.

MM. FORMIGÉ, architecte, attaché aux travaux de la
ville de Paris.

FROMANGER, architecte.

GARNIER (Ch.), architecte, membre de l'Institut, inspecteur général du Conseil des bâtiments civils.

GAUCHEREL, artiste graveur.

GAUTHIER, architecte, contrôleur à l'administration des cultes.

GAUTIER, architecte, inspecteur des monuments historiques, à Laon.

GUFFROY (M. le comte).

HÉNARD (G.), architecte, attaché aux travaux
de la ville de Paris.

HÉRET, architecte de la ville de Paris.

HERMANT (Ach.), architecte de la ville de
Paris.

HERTEMATTHE, architecte.

JULIEN (F.), architecte, expert près le Conseil
de préfecture de la Seine.

LABROUSTE (L.), architecte du gouvernement.

LABROUSTE (Th.), architecte en chef de l'As-
sistance publique.

LAFOLLYE, architecte du gouvernement.

LAISNÉ (Ch.), architecte du gouvernement.

LAMEIRE, artiste peintre.

LANGLOIS DE NEUVILLE, directeur des
bâtiments civils et palais nationaux.

LECOMTE (G.), architecte, expert près les tribunaux.

LEULLIER, architecte de la ville d'Amiens.

MM. LISCH (J.), architecte, inspecteur général des monuments historiques.

LOUÉ, architecte du gouvernement, à Luçon.

LOUZIER (Sainte-Anne), architecte du gouvernement.

LUCAS (Ach.), architecte honoraire de la ville de Paris.

LUCAS (Ch), architecte, attaché aux travaux de la ville de Paris.

MABILLE.

MAGNE (L.), architecte du gouvernement.

MARTIN (H.), entrepreneur de travaux publics, à Narbonne.

MORIN (Ch.), architecte, expert près les tribunaux.

MOZET, entrepreneur de travaux publics, ancien juge au tribunal de commerce.

NORMAND (Alf.), architecte, inspecteur général des édifices pénitentiaires.

OURADOU (Maurice), architecte du gouvernement.

PELLECHET, architecte du gouvernement.

PÉRIN (J.), avocat à la Cour d'appel.

POULIN, chef de division au Ministère des travaux publics.

RAFFET (Paul), architecte, à Tours.

REVOIL (Henri), architecte du gouvernement, membre correspondant de l'Institut, à Nîmes.

ROBERT, avoué honoraire.

RUPRICH-ROBERT, architecte, inspecteur général des monuments historiques.

MM. SAULNIER (J.), architecte.

SAUVAGEOT (Ch.), architecte, graveur d'architecture.

SAUVAGEOT (L.), architecte de la ville de Rouen.

STILLIÈRE, architecte.

TOURRETTE, architecte du gouvernement, à Cahors.

TRUELLE, trésorier-payeur général du département de l'Aube.

UCHARD, architecte honoraire de la ville de Paris.

VAGNY, architecte honoraire de la ville de Châlons-sur-Marne.

VERDIER, architecte du gouvernement.

VIOLLET LE DUC, architecte du gouvernement.

WALLON (Paul), architecte du gouvernement.

II. — SOUSCRIPTIONS RECUEILLIES A SAINT-GERMAIN EN LAYE.

MM. BARBOTTE (G.).

BARBOTTE père.

BÉCHÉ, entrepreneur de pavage.

BERTHIER, entrepreneur de menuiserie.

BOUCHERON et THOUVENELLE, entrepreneurs de charpente.

CAVEL aîné.

CAYEUX, maire de Mareil.

MM. CHERVET, sculpteur d'ornements.

CHORET, architecte, inspecteur des travaux du gouvernement.

CORBEL, sculpteur d'ornements.

DEBRIE, architecte, vérificateur des travaux du gouvernement.

Mme DE JONGE.

MM. DE ROYOU, architecte, commissaire-voyer principal de la ville de Paris.

DIVARY, jardinier en chef des parterres de Saint-Germain en Laye.

DUCHAUFFOUR, gardien-chef au château de Saint-Germain en Laye.

FERRARI, entrepreneur de couverture.

FILOCHE, entrepreneur de fumisterie.

HARANT, architecte, vérificateur des travaux publics.

L'HERMITE, appareilleur chez MM. Morin père et frères, entrepreneurs.

LARIBLE, entrepreneur de peinture.

LAURENT, receveur du bureau de bienfaisance de la ville de Saint-Germain en Laye.

LIBERSAC, sculpteur d'ornements.

MOISSON, notaire.

MORIN-BIGLE, MORIN (Alex.) et MORIN (J.), entrepreneurs de menuiserie.

ALEXANDRE, ANDRES, BARIJAT, BAZIN, BELARD, BOURRIER, BOUVET, BOYER, BRUANT (Léon), CHAMPAGNE, CHARLIER, COGNIL, DUBOIS, DUCHEMIN, EGUY, FÈVRE, GUILLOT, HOUDE,

MM. HOULOT, JOUBERT, LAMY, MARI-COURT, MASSON, MERCIER, MICHEL, NICOLAS, PAUL, PHILIPPE, PIERRE, PINCOT, PORTIER, RAPHIGNON, WAYSE, WAUSSELADE, ouvriers chez MM. Morin père et frères.

MOUTIER père et MOUTIER (Paul), entrepreneurs de serrurerie.

LES OUVRIERS de M. Paul Moutier.

NAUDIN, artiste peintre.

UTRÉ, entrepreneur de peinture.

VIDAL, entrepreneur d'ameublements.

———

III. — SOUSCRIPTIONS RECUEILLIES A LISIEUX.

MM. L'ABBÉ HÉBERT, curé-doyen de l'église Saint-Pierre.

L'ABBÉ MOREL, vicaire.

BELLOT, entrepreneur de maçonnerie.

BOUYER, appareilleur chez M. Bellot.

GUÉRIN, trésorier du conseil de fabrique de l'église Saint-Pierre.

LACAILLE, architecte, inspecteur des travaux du gouvernement.

LANZONNE, entrepreneur de charpente.

MORIN, entrepreneur de couverture.

SÉNÉCHAL, entrepreneur de serrurerie.

SIMON, président du conseil de fabrique de l'église Saint-Pierre.

VANNIER, archéologue.

MM. VAQUET, entrepreneur de peinture.

LES OUVRIERS du chantier de l'église Saint-Pierre.

____

IV. — SOUSCRIPTIONS RECUEILLIES A MOULINS.

MM. MOREAU, architecte, inspecteur des travaux du gouvernement.

VOUILLON (J. Cl.), ancien entrepreneur de travaux publics.

____

V. — SOUSCRIPTIONS RECUEILLIES A REIMS.

MM. CHALMANDRIER, architecte, attaché aux travaux du gouvernement.

GILBERT, sculpteur d'ornements.

LAPIN, appareilleur chez M. Mozet, entrepreneur de maçonnerie.

LEDRU-BERTIN, entrepreneur de serrurerie.

MORAND, vérificateur des travaux du gouvernement.

Mme veuve REIMEVILLE et M. PROUDHON, enpreneurs de charpente.

MM. SIMON PAUL, entrepreneur de peinture.

THIÉROT (Ed.), architecte, inspecteur des travaux du gouvernement.

VENTADOUR et PÉCHARD, entrepreneurs de menuiserie.

WENDLING, sculpteur d'ornements.

LES OUVRIERS de M. Mozet, entrepreneur de maçonnerie.

QUATRE SCULPTEURS.

VI. — SOUSCRIPTIONS RECUEILLIES A TROYES.

MM. LE CURÉ de l'église Saint-Urbain.

CARRÉ, professeur d'histoire au lycée.

CHAMMARTIN (Bernard), appareilleur chez M. Morin-Bigle, entrepreneur.

DALICHAMP-PRÉVOST, entrepreneur de plâtrerie.

DELAGOULE (A.), sculpteur d'ornements.

FALLIET, surveillant des travaux de l'église Saint-Urbain.

FROUSSARD fils, entrepreneur de peinture.

GAULARD jeune, entrepreneur de fumisterie.

GIRAUD (F.), entrepreneur de maçonnerie.

GRADOS frères, entrepreneurs de serrurerie.

Mme veuve GRADOS-HASTIER, ancien entrepreneur de serrurerie.

MM. HÉRARD aîné, entrepreneur de charpente.

HUGOT (Laurence), entrepreneur de couverture.

LARCHET (Vincent), entrepreneur de vitrerie d'art.

MORIN-BIGLE, entrepreneur de maçonnerie.

MOUCHOTTE, entrepreneur de charpente.

NOSTÉ (Jules), entrepreneur de menuiserie.

POULET-BONNOT, entrepreneur de couverture.

VAUTHIER père, entrepreneur de serrurerie.

NOTA. — La souscription, ouverte le 1er mars 1879, a été close le 1er mars 1880, et a atteint le chiffre de *sept mille deux cent quarante francs*.

IV

INAUGURATION

DU BUSTE D'EUGÈNE MILLET

AU CERCLE DES OUVRIERS MAÇONS ET TAILLEURS

DE PIERRES

———

DISCOURS

DE M. LE C^{TE} ET. DE CARDAILLAC

(Paris, 19 octobre 1879)

MESSIEURS,

J'espérais qu'un illustre prélat honorerait notre réunion de sa présence, et que sa voix exprimerait les sentiments d'estime et d'affection qu'il ressentait pour le grand artiste et pour l'homme de bien dont nous inaugurons le buste aujourd'hui.

Des devoirs impérieux ont empêché Mgr l'archevêque de Reims de venir au milieu de nous, et je ne puis mieux faire que de vous donner connaissance de la lettre qu'il a adressée à notre vénéré directeur.

[M. le Président donne lecture d'une lettre de

Mgr l'archevêque de Reims, dans laquelle il exprimait ses regrets de ne pouvoir assister à cette fête de famille, pour louer la mémoire de celui qu'il appelle « notre ami commun, belle intelligence, noble cœur et travailleur infatigable, mort cependant avant l'âge par l'excès même de son travail[1]. »]

Je pourrais m'arrêter après cette lecture, car il me serait difficile de rien ajouter à un éloge si chaleureux et partant de si haut. Mais je ne dois pas oublier que je suis président du Cercle des Maçons, et que j'ai pour mission de rappeler tout ce que nous devons de reconnaissance à l'architecte et au professeur de notre Société. Cette mission m'est d'autant plus précieuse qu'en vous parlant de Millet, je fais revivre les souvenirs les plus doux de mon existence; j'ai eu, en effet, le bonheur d'assister, pendant plus de vingt ans, à tous ses travaux, de le seconder dans ses efforts et d'applaudir à ses succès. Aussi les relations officielles avaient promptement fait place à l'affection la plus sincère, et je puis dire que le jour où Dieu l'a rappelé à lui, j'ai perdu un excellent ami.

Il m'est impossible de me défendre d'une certaine émotion en me rappelant un passé de jeunesse et de labeur, et en me voyant, ici, dans le modeste asile de

---

1. Dès qu'il avait appris la mort d'Eugène Millet, Mgr l'archevêque de Reims avait dit la messe dans la chapelle de son palais archiépiscopal à l'intention de l'éminent architecte que la mort enlevait aux beaux travaux de restauration de sa cathédrale. — Des cérémonies religieuses, empreintes des mêmes sentiments d'affectueux souvenirs, avaient lieu presque simultanément dans la chapelle du Cercle des ouvriers maçons à Paris, à Saint-Germain en Laye et à Troyes, sous les auspices de la famille et des collaborateurs d'Eugène Millet.

la rue des Chantiers, appelé à l'honneur de vous présider et de célébrer la mémoire de mon ancien compagnon de travail.

Ce n'est pas ici le lieu de m'étendre longuement sur les éminentes qualités de l'artiste distingué qui a restauré les cathédrales de Troyes et de Moulins, qui a reconstruit le curieux et important château de Saint-Germain en Laye, et qui terminait sa carrière en apportant toute sa science dans la restauration de l'immense cathédrale de Reims.

Ce que je veux surtout célébrer dans cette enceinte, c'est le constructeur savant et consciencieux, le chercheur infatigable, le professeur plein de simplicité et de charme, qui savait se mettre à la portée de tous ceux qui l'écoutaient. Les grands chantiers qu'il a dirigés étaient de véritables cours de construction, autant pour les patrons que pour les ouvriers, et rien n'est plus intéressant que la collection des nombreuses études qu'il dessinait lui-même, avec autant de promptitude que de netteté, pour indiquer à chacun tous les détails de ce qu'il avait à exécuter. Aussi avec quel respect sa parole était écoutée, et combien son autorité était acceptée sans hésitation !

Lorsqu'il voulut bien s'occuper de l'*enseignement* du Cercle des Maçons, il le fit avec le zèle et le dévouement qu'il mettait à toutes les choses qui plaisaient à son cœur. Empressé de faire servir son expérience à l'instruction élémentaire des braves ouvriers du Cercle, il était heureux de penser qu'il leur donnait les moyens de comprendre et de résoudre les problèmes les plus nécessaires à leur métier de constructeurs, et par conséquent qu'il améliorait leur sort, et cette maison conservera éternellement son souvenir. Nous, qui avons assisté à toutes ses préoccupations, nous savons avec quel soin et quel désintéressement il se mit en campagne, lorsqu'il nous fallut quitter le local qui nous avait été prêté dans la mairie de l'arrondissement, d'abord pour trouver un terrain, ensuite pour étudier le plan des constructions à y élever. Vous ne l'ignorez pas, nous n'étions pas riches, et il fallait se rendre compte exactement de toutes les dépenses pour ne pas sortir des limites de notre petit budget. Cependant nos besoins étaient grands : nous voulions des classes spacieuses, saines, bien éclairées et bien chauffées; nous voulions un dortoir et une infirmerie; nous voulions une chapelle. Millet est parvenu à nous donner tout cela, grâce à son intelligence et à son dévouement, grâce aussi au concours si bienveillant des entrepreneurs qui se sont chargés de la construction. Il a résolu le problème si difficile de faire beaucoup avec peu de chose.

Jeunes gens qui m'écoutez, il vous reste aujourd'hui son exemple. Lorsque vous aurez quelques moments de défaillance, tournez vos regards vers cette image, et dites-vous qu'elle est celle d'un homme qui a lutté longtemps, qui a conquis, par son énergie et son travail, la situation élevée à laquelle il était arrivé, et, alors, ne perdez pas courage, soyez sincères, honnêtes, laborieux, respectueux envers vos supérieurs, bienveillants pour vos égaux, et surtout n'oubliez pas que, pour être des hommes forts, il faut être des hommes de foi. N'abandonnez pas Dieu, et Dieu ne vous abandonnera pas.

C. Sauvageot del et sc

TOMBEAU D'EUGÈNE MILLET

(Saint-Germain-en-Laye _ 20 Fevrier 1880)

V

INAUGURATION

DU

TOMBEAU D'EUGÈNE MILLET

('Saint-Germain en Laye, 20 février 1880).

—

REMERCIEMENTS

DE M. PAUL NAPLES

Permettez-moi, Messieurs, au nom de la famille de Millet, de vous dire quelle est notre émotion, notre fierté, en vous voyant tous ici, à ce touchant pèlerinage de bout de l'an, qui prouve combien l'ami perdu vous est présent à l'esprit.

A vous tous, Messieurs, ouvriers, entrepreneurs, admirateurs, confrères et amis de Millet, merci pour le touchant témoignage que vous léguez aux soins de la

3

famille, qui, de son côté, saura conserver pieusement ce monument élevé à la mémoire du maître.

Qu'il me soit permis de rappeler ici la mémoire du grand maître, du grand patron, qui a daigné tracer le monument de son élève préféré jusqu'au moment où la mort devait les réunir tous les deux et faire de ce tombeau son dernier chef-d'œuvre.

Merci à Viollet Le Duc.

Merci à vous tous, Messieurs, mille fois merci.

DISCOURS

DE M. EUGÈNE VIOLLET LE DUC

Messieurs,

Avant de quitter la tombe de notre ami, permettez-moi de dire, moi aussi, quelques mots de son beau et généreux caractère. Aucun architecte ne possédait plus que lui le talent d'associer étroitement à son œuvre tous ceux qu'il appelait à l'honneur d'y concourir. Bien différent en cela de ceux de ses confrères qui sentent le besoin d'élever une barrière entre eux et leurs subordonnés, Millet voyait une famille dans le personnel qu'il employait. Mais aussi quelle affection touchante, quel dévouement profond ce personnel avait pour lui ! Ses chantiers étaient autant d'écoles où se formaient d'excellents ouvriers dont il faisait plus tard des appareilleurs, des conducteurs de travaux, et puis enfin des patrons. J'en vois ici, parmi nous, plus d'un qui doit à Millet d'avoir franchi tous ses grades.

Vous vous rappelez combien il était sévère pour l'exécution; vous vous souvenez en quel mépris il tenait ce procédé barbare qui consiste à monter de la pierre à l'état brut, ou peu s'en faut, pour venir ensuite l'abattre à grands coups de masse. C'est lui qui, un des premiers, a ressuscité cette vieille méthode de bâtir, familière seulement à ceux qui savent, et qui consiste à ne mettre des matériaux en place qu'après leur avoir donné leur forme quasi définitive.

Millet a eu le bonheur de ne compter que des amis parmi ses confrères. Et cependant personne n'a eu des convictions plus fermes en matière d'architecture, et personne ne les a soutenues avec plus de vigueur.

D'une excessive sévérité pour lui-même, il était d'une extrême indulgence pour les autres. Telle œuvre dont il n'eût voulu accepter la paternité pour rien au monde, il la défendait et, si elle offrait quelque mérite, il s'appliquait à le faire ressortir. Je veux parler, bien entendu, des jugements qu'il portait sur des œuvres terminées, car, lorsqu'il s'agissait d'améliorer le projet d'un confrère, nul ne s'y employait avec plus de sollicitude.

Il faut le dire bien haut, Millet est devenu et restera une grande figure parmi les architectes de son temps, bien que ses tendances, ses préférences, aient été en quelque sorte diamétralement opposées à celles préconisées par les hommes qui ont l'enseignement entre leurs mains. Il ne s'était jamais accordé le temps d'aller en Italie, mais il a voulu parcourir la France en tous sens et connaître tous ses monuments. On ne saurait, en vérité, lui faire un reproche de cet amour exclusif, car ses œuvres ont un caractère d'individualité très puissant en même temps qu'elles ont les qualités du génie français.

On se rappelle avec quelle ardeur Millet s'adonna à l'enseignement quand il put croire, — et ce fut là une illusion de courte durée, — que l'étude de l'architecture française allait enfin être remise en honneur.

A cette époque, il voulut se consacrer si complètement au cours dont il était chargé qu'il se démit de la direction de la plupart de ses chantiers. Cela prouve jusqu'où il poussait le souci de l'avenir de son art et le désintéressement, car, au point de vue des avantages matériels, ce qu'il abandonnait était loin d'être compensé par ce qu'il acceptait.

Je ne puis penser sans émotion à la somme d'efforts qu'il dépensa à cette époque pour remplir dignement sa mission. Il semblait que l'artiste eût dit adieu aux projets, il ne faisait plus que des modèles pour ses élèves... Un professeur d'architecture faisant des modèles! Cela, je crois, ne s'était pas vu souvent avant Millet. Souhaitons qu'il ait un jour des imitateurs.

Nous, Messieurs, qui aimons avec passion l'art national, et qui applaudissons aux efforts de cette école qui s'applique à lui rendre son ancien éclat, nous devons à Millet une éternelle reconnaissance, car il est de ceux qui ont frayé la voie qui mène à cette rénovation.

VI

EUGÈNE MILLET

SA VIE, SES ŒUVRES [1]

(Paris, 1819. — Cannes, 1879)

Messieurs et chers Confrères,

C'est le 20 février 1879, après deux années de lutte contre une terrible maladie, que s'éteignit à Cannes, notre cher confrère et excellent ami Eugène Millet, architecte des cathédrales de Reims, de Moulins et du château de Saint-Germain, membre de la commission des monuments historiques, inspecteur général des édifices diocésains; quelques jours plus tard un long convoi d'amis accompagnait jusqu'au cimetière de Saint-Germain en Laye les restes de celui qui fut une des gloires de notre profession.

1. Cette notice, lue au conseil de la Société centrale des Architectes, le 9 mai 1879, a paru dans le *Bulletin* de la Société et dans l'*Encyclopédie d'architecture*.

Eugène-Louis Millet naquit à Paris le 21 mai 1819 et entra à l'École des beaux-arts en 1837; élève de Henri Labrouste, son esprit droit et précis fut immédiatement captivé par l'enseignement rationnel du maître, qui voulait qu'en architecture rien ne fût laissé au caprice ou à la fantaisie, mais que tout fût motivé soit par les besoins, soit par la matière. Dès cette époque, Millet se passionna pour l'étude de l'architecture française et, plus tard, lorsqu'il fut appelé par M. Viollet Le Duc, pour venir le seconder dans ses travaux des monuments historiques, il trouva dans la restauration des édifices du moyen âge, l'application constante des principes enseignés par notre excellent maître. Sa voie fut dès lors trouvée, et ses premiers essais le firent désigner en 1848 comme architecte des cathédrales de Troyes et de Châlons.

Les travaux de restauration de la cathédrale de Troyes présentaient de grandes difficultés; il s'agissait de reprendre en sous-œuvre tout le chœur de cet édifice bâti sur un mauvais sol; c'est alors que Millet, montrant toutes les ressources de son esprit inventif, exécuta ce travail avec une habileté, je dirai même avec une hardiesse étonnante, et se révéla comme un maître dans l'art de la construction.

En 1849, nous le voyons attaché à la Commission des monuments historiques, et exécuter successivement avec la même sûreté de coup d'œil, les restaurations des églises de Souvigny, de Saint-Menoux et d'Ébreuil (dans le département de l'Allier), de Châteauneuf, de Bois-Sainte-Marie, de Paray-le-Monial (dans Saône-et-Loire), de Notre-Dame de Melun, de Saint-Quiriac de

Provins (dans Seine-et-Marne), de Notre-Dame de Boulogne, de Mareil-Marly, et enfin de Saint-Pierre de Lisieux où il a pu terminer seulement le chœur et la chapelle de la Vierge.

En 1855, la restauration du château de Saint-Germain ayant été décidée, Millet fut chargé d'en étudier le projet et il entreprit de faire surgir d'un amas de constructions informes, l'œuvre complète de François Ier, ainsi que l'élégante chapelle de Saint-Louis. Ces travaux ont été dirigés avec un art remarquable et lorsqu'il y a quelques années le Congrès des architectes visita ce chantier, chacun put reconnaître avec quel soin toutes choses étaient étudiées. Non seulement les dessins étaient de vraies épures d'appareilleur où chaque pierre était tracée et cotée, mais encore dans l'exécution des travaux la taille, le montage et la pose des matériaux se faisaient suivant les principes de la vieille école française du moyen âge et de la Renaissance.

Millet avait su faire renaître les méthodes oubliées de la construction et créer un atelier modèle d'ouvriers de toutes professions, amoureux de leur métier et entièrement dévoués à celui qui était bien en toutes choses le vrai maître de l'œuvre. La mort de son condisciple Lassus, venant suspendre les travaux d'agrandissement de la cathédrale de Moulins, Millet fut chargé, en 1857, de reprendre cette étude, et c'est alors, dans cette construction entièrement neuve, qu'il put montrer toute sa science de l'art du moyen âge en créant une nef et une façade d'un grand style, mais pleines d'originalité. Du reste, Millet donnait à chacune de ses œuvres un caractère tout spécial où l'on devinait l'artiste honnête, précis et énergique. (C'est à cette époque qu'il fut nommé chevalier de la Légion d'honneur.)

En 1863, il fut chargé du cours de construction à l'École des beaux-arts, et quoique personne ne fût mieux préparé que lui pour occuper cette chaire, nous nous rappelons combien il était ému le jour de sa première leçon; heureusement, ses craintes étaient exagérées, et pendant deux années il sut captiver son auditoire par la simplicité de sa méthode et l'intérêt de ses nombreux tracés, que malheureusement il ne voulut jamais publier.

Les nombreuses recherches qu'il dut faire pour cet enseignement lui prenaient la meilleure partie de son temps et, déjà surchargé de travaux, Millet ne put résister à tant de fatigues. Le mal qui devait l'enlever commençait à se manifester; il dut donner sa démission de professeur et se consacra dès lors tout entier à l'étude de son cher château de Saint-Germain, dont la restauration remarquable lui valut d'être promu, en 1867, au grade d'officier de la Légion d'honneur.

Millet obtint encore de nombreuses distinctions. Médaillé aux trois expositions universelles, il fut souvent désigné comme membre du Jury soit à l'École des beaux-arts, soit dans les concours, soit dans les expositions.

La restauration de la cathédrale de Reims devait couronner sa carrière. C'est en 1874 qu'il fut appelé à succéder à M. Viollet Le Duc dans la direction de ce chantier, et quelques mois après il remplaçait comme inspecteur général des édifices diocésains son illustre maître Henry Labrouste, qui venait de s'éteindre subitement.

Une fois encore notre cher confrère fut épuisé par l'excès de travail et ses trop nombreuses préoccupations; la maladie qui s'était déclarée dix ans auparavant reparut avec une violence telle, qu'il dut suspendre toute espèce d'étude et chercher dans le repos et le changement de climat la santé qui malheureusement ne devait plus revenir.

Outre les travaux de l'État, Millet exécuta encore de nombreuses constructions soit pour des communes, soit pour des particuliers, tels que : hôtels, châteaux, hospices et églises. Nous pouvons citer entre autres l'hospice de Greffulhe et la charmante église de Maisons-sur-Seine. Enfin sa vie ne fut qu'un immense labeur.

Ne terminons pas sans dire que les qualités du cœur de notre cher confrère étaient à la hauteur de son talent; sévère pour lui-même, sa bienveillance était sans limite pour tous ceux qui l'abordaient : conseiller et aider étaient un plaisir pour lui. Possesseur d'une mince fortune, sa charité était sans bornes, et si Millet fut un artiste éminent et convaincu, nous pouvons dire qu'il fut aussi l'homme de bien par excellence.

Juste LISCH, *architecte,*
Inspecteur général des monuments historiques.

TABLE

ACHEVÉ D'IMPRIMER

LE XX FÉVRIER M DCCC LXXXI

CHEZ D. JOUAUST

Imprimeur breveté

RUE SAINT-HONORÉ, 338

PARIS

www.ingramcontent.com/pod-product-compliance
Ingram Content Group UK Ltd.
Pitfield, Milton Keynes, MK11 3LW, UK
UKHW022330120726
13694UKWH00004B/1565